Criaturas rastreras

LAS CUCARACHAS SILBADORAS

MARTY GITLIN

BLACK RABBIT BOOKS

Bolt es una publicación de Black Rabbit Books
P.O. Box 3263, Mankato, Minnesota, 56002.
www.blackrabbitbooks.com

Marysa Storm, editora; Grant Gould, diseñador;
Omay Ayres, investigación fotográfica
Traducción de Travod, www.travod.com

Información del catálogo de publicaciones de la biblioteca del congreso
ISBN 978-1-62310-199-2

Impreso en los Estados Unidos de América

Créditos de las imágenes

Alamy: Mode Images, Cover; commons.wikimedia.org: Almabes, 22; Boomur, 23; coms.pub: Devyn7799, 17 (pie); Deposit Photos: Enskanto, 27; kefca, 12; Dreamstime: Hakoar, 17 (superior); Vasilii Maslak, 6; flickr.com: Jasper Nance, 32; iStock: Bob_Eastman, 6–7; nizha2, 24 (lémur); SleepyWeaselEntertainment, 11 (grande); traktirman, 8–9; Newscom: Bill Love/NHPA/Photoshot, 20–21; pestwiki.com: Unknown, 18; Shutterstock: Aleksey Stemmer, 4–5 (cucarachas), 11 (derecha superior); Alexander_N, 4–5 (fondo); Dmitriy Krasko, 31; Guillermo Guerao Serra, 28–29; heureeka, 4–5 (fruta); Istomina Olena, 14–15, 24 (cucaracha); Kefca, 3; K.Kargona, 27; likhit jansawang, 24 (insecto); mama_mia, 24 (fruta); Mirelle, 24 (pajaro); pisitpong2017, 4–5 (hojas); Steve McWilliam, 22–23 (pie); Susan Schmitz, 24 (serpiente); vandycan, 1; Volkova Vera, 24 (fruta); steemkrcom: ezraperalescinco, 22–23 (superior), 29 Cover

Se ha hecho todo esfuerzo posible para establecer contacto con los titulares de los derechos de autor del material reproducido en este libro. Cualquier omisión será rectificada en impresiones posteriores previo aviso a la editorial.

CONTENIDO

CAPÍTULO 1

Conoce a la CUCARACHA SILBADORA

Hay una pequeña fruta debajo de una hoja. Dos cucarachas silbadoras machos la detectan. Se arrastran rápidamente hacia la comida. Los dos bichos llegan al mismo tiempo. ¡Comienza la batalla! Silban y se embisten con sus cuernos. La cucaracha más grande y ruidosa derrota a la otra. El insecto silba triunfante. Se devora la fruta.

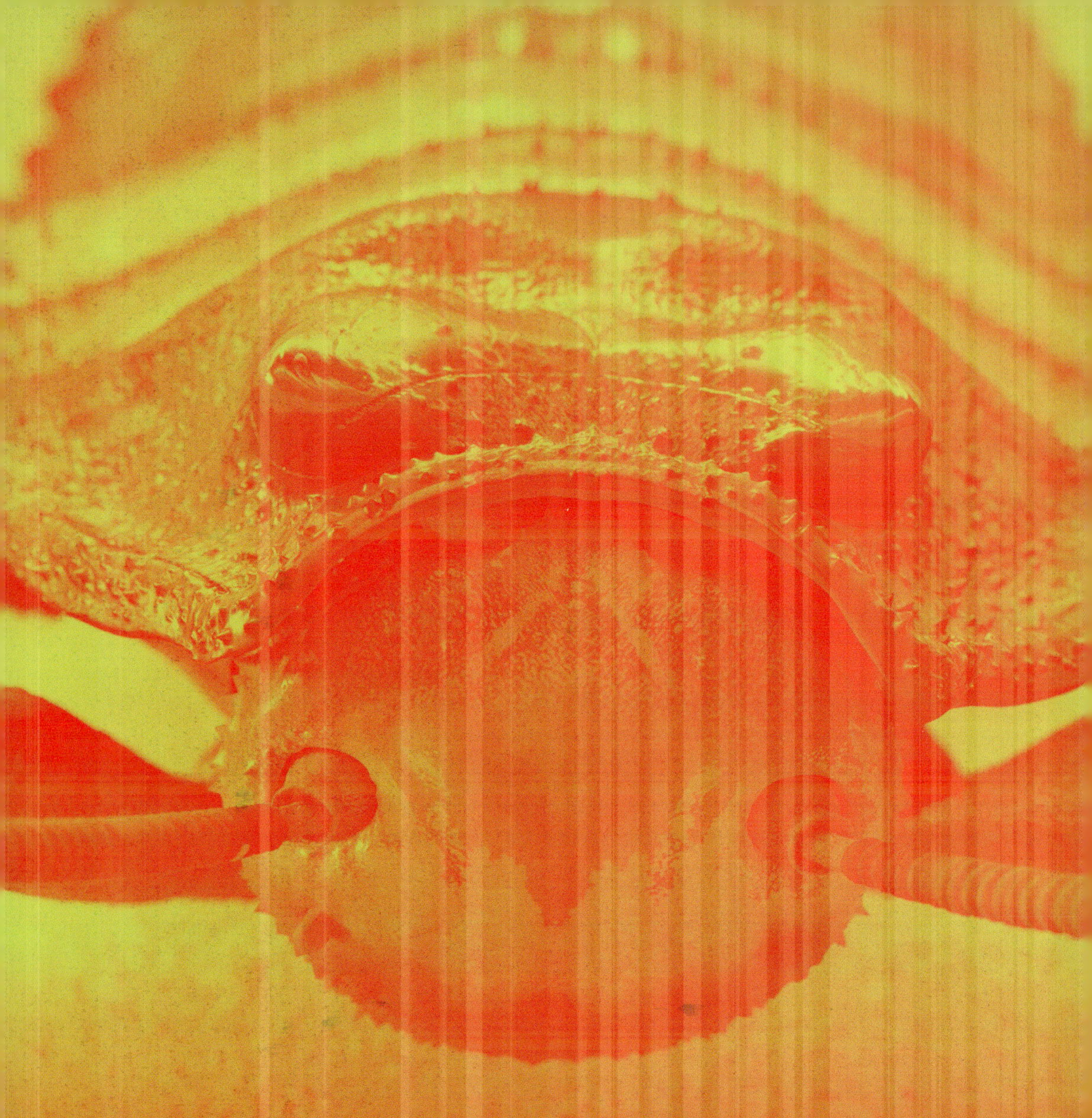

¿Qué tan grande es una cucaracha silbadora?

Un insecto enorme

Las cucarachas silbadoras de Madagascar son uno de los tipos más grandes de cucarachas. Son brillantes, marrones o negras, y no tienen alas. Sus cuerpos gruesos tienen forma de huevo. Las cucarachas machos crecen más que las hembras. Sus cuernos les dan un aspecto poderoso.

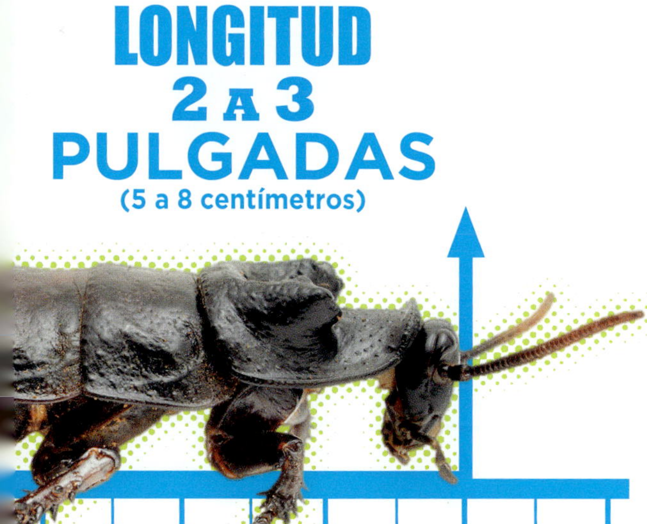

CARACTERÍSTICAS DE LA CUCARACHA SILBADORA

TÓRAX
CUERNOS
(SOLO MACHOS)
ANTENAS

Silbadora y escaladora

Estos insectos son conocidos por sus silbidos, pues son muy ruidosos. Silban forzando aire a través de los orificios respiratorios en sus cuerpos. Estos insectos a menudo silban cuando están enojados.

Las cucarachas silbadoras son grandes escaladoras. Tienen patas acolchadas que cuentan con ganchos. Estas características les permiten escalar superficies lisas.

Tres razones por las que silban

como grito de alarma

durante el apareamiento

mientras luchan

CAPÍTULO 2

Dónde viven y qué comen

Las cucarachas silbadoras viven en **colonias** en Madagascar. Se pueden encontrar en el suelo de los bosques. Se esconden debajo de las hojas y en troncos caídos.

Los machos tienen antenas más peludas que las hembras.

MAPA DE DISTRIBUCIÓN DE LAS CUCARACHAS SILBADORAS

En busca de comida

Las cucarachas silbadoras tienen hábitos nocturnos. A menudo salen por la noche a comer frutas caídas. Estos insectos obtienen agua de sus alimentos. También beben **rocío** de las plantas.

¡Algunas personas comen cucarachas silbadoras! Las fríen, las secan y las guisan.

CAPÍTULO 3

VIDA FAMILIAR

Para las cucarachas silbadoras, la vida comienza de una manera inusual. Después del apareamiento, las hembras forman contenedores de huevos tipo capullo.

Las madres llevan los contenedores de huevos dentro de sus cuerpos durante aproximadamente dos meses. Luego dan a luz a hasta 60 **ninfas**.

Su crecimiento

Las madres suelen cuidar a sus crías. A medida que van creciendo, las cucarachas jóvenes mudan seis veces. Al mudar, se quitan sus **exoesqueletos**. Después de unos siete meses, las ninfas alcanzan el tamaño adulto.

CICLO DE VIDA de la cucaracha silbadora

Las cucarachas hembra llevan huevos dentro de contenedores de huevos.

Las cucarachas adultas viven por dos a cinco años.

Las madres
dan a luz a
crías vivas.

Las ninfas
mudan y crecen
para convertirse
en adultos.

Cadena alimentaria de las cucarachas silbadoras

Esta cadena alimentaria muestra qué seres comen cucarachas silbadoras. También muestra lo que comen las cucarachas silbadoras.

CAPÍTULO 4

SUS FUNCIONES en el mundo

A muchos animales les gusta comer cucarachas silbadoras. Las cucarachas usan silbidos fuertes y parecidos a los de una serpiente para asustarlos.

Estos insectos no están **en peligro de extinción**. Pero sus hábitats están en problemas. Los humanos talan y queman los bosques de Madagascar. Si las cucarachas silbadoras pierden sus hábitats, no tendrán dónde vivir.

Ellas hacen su parte

Las cucarachas silbadoras podrán ser espeluznantes, pero juegan un papel importante en el mundo. Ayudan a reciclar plantas y materia animal en descomposición. Estas acciones de reciclado ayudan a que crezcan nuevas plantas. Estos insectos también son alimento para otros animales. Las cucarachas son necesarias para mantener saludable a Madagascar.

Algunas personas tienen cucarachas silbadoras como mascotas.

¡CUESTIÓN DE NÚMEROS

hasta

12 pies

(4 metros)

A QUÉ DISTANCIA SE PUEDEN OIR SUS SILBIDOS

CANTIDAD DE CRÍAS QUE LA HEMBRA PUEDE TENER POR VEZ

hasta 60

ALREDEDOR DE 750

CANTIDAD TOTAL DE CRÍAS QUE LAS CUCARACHAS HEMBRA PUEDEN TENER EN SU VIDA

AL MENOS 5 TIPOS DE SONIDOS DE SILBIDO

GLOSARIO

aparearse: unirse para producir cría

colonia: grupo de animales del mismo tipo que viven juntos

en descomposición: pudriéndose

en peligro de extinción: cerca de extinguirse

espiráculo: abertura en el cuerpo que se usa para respirar

exoesqueleto: cubierta dura y protectora en el exterior del cuerpo de un insecto o arácnido

ninfa: insecto joven que tiene casi la misma forma que el adulto

rocío: gotas de agua que se forman durante la noche sobre el pasto, los árboles y otras superficies al aire libre

ÍNDICE